화엄경 제75권 (입법계품 39-16) 해설

제75권에는 묘덕원만 구바여의 법운지와 11지 법문이다.

그때 선재동자가 카필라성으로 가면서 태어나는 해탈과 닦아 더 늘게하여 널리 기억하는 일들을 생각하며 보현법계광명강당에 이르러 일만 궁수신들과 함께 있는 무덕신을 만나니 기쁜 마음으로 맞아 주었다.
"진실로 그대는 불도에 나아가는 행을 잠깐도 쉬지 않으니 반드시 여래의 깊은 해탈에 들어 갈 것이다."
하며 다음과 같이 찬송하였다.

"汝今出世間 爲世大明燈
普爲諸衆生 勤求無上覺"

그때 석가 구바여도 노래 불렀다.

"菩薩爲利諸群生 正念親承善知識
敬之如佛心無怠 此行於世帝網行"

윗 글은 "그대는 세간을 뛰어나 세간의 등불이 되어 널리 중생을 위하여 무상각을 구하는 구나" 하는 말이고, 뒤의 글은 "보살은 모든 중생 이익하려고 바른 생각으로 선지식을 친근하며 부처같이 공경하며 게으름 없이 하니 이것이 세상의 인드라 그물이다" 한 말이다.

그리고 자신이 얻은 관찰일체보살삼매해탈문에 대하여 설명하였다.

“이 해탈문에 들면 다겁동안의 6도중생들의 삶을 훤히 알 수 있고, 모든 부처님들의 이름과 성불하신 내력을 다 알게 된다.”

“그러면 그 해탈문을 얻은 지가 얼마나 됩니까?”

“옛날 승행겁 무애세계 재주왕이 있었는데 6만 채녀와 5백 대신, 5백 왕자를 거느리고 있었다. 그때 선현여인이 있어 향아원 옆 승일여래계신 곳에서 7일을 지내고 있는데 그 태자가 천룡8부의 위요아래 부처님을 친견코져 왔다가 그 여자를 보고 염심을 일으키니 그의 어머니가 말했다.

“우리 딸은 복과 지혜를 장엄, 원한이 없어 여인 중 최상입니다.” 그때 태자가 기쁜 마음으로 공양하고 그 부처님으로부터 60억 백천나유타 부처님을 섬긴 인연공덕으로 저 같은 몸을 얻었다는 칭찬을 들었다.

이와 같이 그들 태자와 묘덕여가 지은 과보는 이 세계가 끝날 때 까지 설명하여도 다 할 수 없다 하고 이 세계 모든 부처님의 어머니가 되신 마야부인이 있으니 찾아 보라 하였다.

入法界品 第三十九之一
입법계품 제삼십구지일

十六
십육

爾時善財童子向迦毘羅
이시선재동자향가비라

城思惟修習受生解脫增長
성사유수습수생해탈증장

廣大憶念不捨漸次遊行至
광대억념불사점차유행지

菩薩集會普現法界光明講
보살집회보현법계광명강

堂其中有神號無憂德與一
당기중유신호무우덕여일

萬(만)主(주)宮(궁)殿(전)神(신)俱(구)來(내)迎(영)善(선)財(재)作(작)
如(여)是(시)言(언)善(선)來(래)丈(장)夫(부)有(유)大(대)智(지)慧(혜)
有(유)大(대)勇(용)猛(맹)能(능)修(수)菩(보)薩(살)不(불)可(가)思(사)
議(의)自(자)在(재)解(해)脫(탈)心(심)恒(항)不(불)捨(사)廣(광)大(대)
誓(서)願(원)善(선)能(능)觀(관)察(찰)諸(제)法(법)境(경)界(계)安(안)
住(주)法(법)城(성)入(입)於(어)無(무)量(량)諸(제)方(방)便(편)門(문)
成(성)就(취)如(여)來(래)功(공)德(덕)大(대)海(해)得(득)妙(묘)辯(변)

諸 제	如 여	行 행	修 수	其 기	修 수	才 재
相 상	來 래	悉 실	諸 제	歡 환	行 행	善 선
好 호	淸 청	皆 개	妙 묘	喜 희	知 지	調 조
莊 장	淨 정	淸 청	行 행	趣 취	諸 제	衆 중
嚴 엄	莊 장	淨 정	心 심	向 향	衆 중	生 생
其 기	嚴 엄	汝 여	無 무	佛 불	生 생	獲 획
身 신	無 무	當 당	暫 잠	道 도	心 심	聖 성
以 이	上 상	不 불	懈 해	我 아	行 행	智 지
十 십	三 삼	久 구	威 위	觀 관	差 차	身 신
力 력	業 업	得 득	儀 의	仁 인	別 별	恒 항
智 지	以 이	諸 제	所 소	者 자	令 영	順 순

瑩飾其心遊諸世間我觀仁
형식기심유제세간아관인

者勇猛精進而無有比不久
자용맹정진이무유비불구

當得普見三世一切諸佛聽
당득보견삼세일체제불청

受其法不久當得一切菩薩
수기법불구당득일체보살

禪定解脫諸三昧樂不久當
선정해탈제삼매락불구당

入諸佛如來甚深解脫何以
입제불여래심심해탈하이

故見善知識親近供養聽受
고견선지식친근공양청수

其敎憶念修行不懈不退無
기교억념수행불해불퇴무

憂無悔無有障礙魔及魔民
우무회무유장애마급마민

不能爲難不久當成無上果
불능위난불구당성무상과

故善財童子言聖者如向所
고선재동자언성자여향소

說願我皆得聖者我願一切
설원아개득성자아원일체

衆生息諸熱惱離諸惡業生
중생식제열뇌이제악업생

諸安樂修諸淨行
제안락수제정행

聖(성)者(자)一(일)切(체)衆(중)生(생)起(기)諸(제)煩(번)惱(뇌)

造(조)諸(제)惡(악)業(업)墮(타)諸(제)惡(악)趣(취)若(약)身(신)若(약)

心(심)恒(항)受(수)楚(초)毒(독)菩(보)薩(살)見(견)已(이)心(심)生(생)

憂(우)惱(뇌)聖(성)者(자)譬(비)如(여)有(유)人(인)唯(유)有(유)一(일)

子(자)愛(애)念(념)情(정)至(지)忽(홀)見(현)被(피)人(인)割(할)截(절)

肢(지)體(체)其(기)心(심)痛(통)切(절)不(불)能(능)自(자)安(안)菩(보)

薩(살)摩(마)訶(하)薩(살)亦(역)復(부)如(여)是(시)見(견)諸(제)衆(중)

사경의 공덕은 십만억 부처님께 공양한 것과 같은 공덕이 있습니다.

生以煩惱業墮三惡趣受種
생이번뇌업타삼악취수종

種苦心大憂惱若見衆生起
종고심대우뇌약견중생기

身語意三種善業生天人趣
신어의삼종선업생천인취

愛身心樂菩薩爾時生大歡
수신심락보살이시생대환

喜何以故菩薩不自爲故求
희하이고보살불자위고구

一切智不貪生死諸欲快樂
일체지불탐생사제욕쾌락

不隨想倒見倒心倒諸結隨
부수상도견도심도제결수

眠愛見力轉不起衆生種種
면애견력전불기중생종종

樂想亦不味着諸禪定樂非
악상역불미착제선정락비

有障礙疲厭退轉住於生死
유장애피염퇴전주어생사

但見衆生於諸有中具受無
단견중생어제유중구수무

量種種諸苦起大悲心以大
량종종제고기대비심이대

願力而普攝取悲願力故修
원력이보섭취비원력고수

菩薩行爲斷一切衆生煩惱
보살행위단일체중생번뇌

爲求如來一切智智爲供養
위구여래일체지지위공양

一切諸佛如來爲嚴淨一切
일체제불여래위엄정일체

廣大國土爲淨治一切衆生
광대국토위정치일체중생

樂欲及其所有身心諸行於
락욕급기소유신심제행어

生死中無有疲厭
생사중무유피염

聖者菩薩摩訶薩於諸衆
성자보살마하살어제중

生爲莊嚴令生人天富貴樂
생위장엄영생인천부귀락

故(고)	故(고)	故(고)	故(고)	故(고)	故(고)	故(고)
爲(위)	爲(위)	爲(위)	爲(위)	爲(위)	爲(위)	爲(위)
津(진)	究(구)	歸(귀)	船(선)	衛(위)	養(양)	父(부)
濟(제)	竟(경)	依(의)	師(사)	護(호)	育(육)	母(모)
令(영)	令(영)	令(령)	令(영)	令(영)	令(령)	爲(위)
入(입)	其(기)	捨(사)	其(기)	其(기)	其(기)	其(기)
一(일)	永(영)	諸(제)	得(득)	遠(원)	成(성)	安(안)
切(체)	得(득)	魔(마)	度(도)	離(리)	就(취)	立(립)
諸(제)	淸(청)	煩(번)	生(생)	三(삼)	菩(보)	菩(보)
佛(불)	涼(량)	惱(뇌)	死(사)	惡(악)	薩(살)	提(제)
海(해)	樂(락)	怖(포)	海(해)	道(도)	道(도)	心(심)

故爲導師令至一切法寶洲
고위도사영지일체법보주

故爲妙華開敷諸佛功德心
고위묘화개부제불공덕심

故爲嚴具常放福德智慧光
고위엄구상방복덕지혜광

故爲可樂凡有所作悉端嚴
고위가락범유소작실단엄

故爲可尊遠離一切諸惡業
고위가존원리일체제악업

故爲普賢具足一切端嚴身
고위보현구족일체단엄신

故爲大明常放智慧淨光明
고위대명상방지혜정광명

及 급	過 과	堂 당	法 법	令 영	故 고	故 고
以 이	諸 제	其 기	樂 락	一 일	聖 성	爲 위
種 종	天 천	無 무	爾 이	切 체	者 자	大 대
種 종	上 상	憂 우	時 시	衆 중	菩 보	雲 운
寶 보	妙 묘	德 덕	善 선	生 생	薩 살	常 상
莊 장	華 화	及 급	財 재	皆 개	如 여	雨 우
嚴 엄	鬘 만	諸 제	童 동	生 생	是 시	一 일
具 구	塗 도	神 신	子 자	愛 애	修 수	切 체
散 산	香 향	衆 중	將 장	樂 락	諸 제	甘 감
善 선	末 말	以 이	升 승	具 구	行 행	露 로
財 재	香 향	出 출	法 법	足 족	時 시	法 법

上而說頌言
상이설송언

汝今出世間
여금출세간

普爲諸衆生
보위제중생

無量億千劫
무량억천겁

功德日今出
공덕일금출

汝見諸衆生
여견제중생

而興大悲意
이흥대비의

爲世大明燈
위세대명등

勤求無上覺
근구무상각

難可得見汝
난가득견여

滅除諸世暗
멸제제세암

顚倒惑所覆
전도혹소복

求證無師道
구증무사도

사경의 공덕은 십만억 부처님께 공양한 것과 같은 공덕이 있습니다.

汝以清淨心 여이청정심
承事善知識 승사선지식
汝於諸世間 여어제세간
其心普無礙 기심보무애
汝修菩提行 여수보리행
放大智慧光 방대지혜광
汝不離世間 여불리세간

尋求佛菩提 심구불보리
不自惜身命 불자석신명
無依無所着 무의무소착
清淨如虛空 청정여허공
功德悉圓滿 공덕실원만
普照一切世 보조일체세
亦不着於世 역불착어세

行世無障礙
행세무장애

譬如火災起
비여화재기

汝修菩提行
여수보리행

勇猛大精進
용맹대정진

金剛慧師子
금강혜사자

一切法界中
일체법계중

汝悉能往詣
여실능왕예

如風遊虛空
여풍유허공

一切無能滅
일체무능멸

精進火亦然
정진화역연

堅固不可動
견고불가동

遊行無所畏
유행무소외

所有諸剎海
소유제찰해

親近善知識
친근선지식

사경의 공덕은 십만억 부처님께 공양한 것과 같은 공덕이 있습니다.

王種中生悉於過去修菩薩
왕종중생실어과거수보살

行同種善根布施愛語普攝
행동종선근보시애어보섭

衆生已能明見一切智境已
중생이능명견일체지경이

共修集佛菩提行恒住正定
공수집불보리행항주정정

常遊大悲普攝衆生猶如一
상유대비보섭중생유여일

子慈心具足眷屬清淨已於
자자심구족권속청정이어

過去成就菩薩不可思議善
과거성취보살불가사의선

사경의 공덕은 십만억 부처님께 공양한 것과 같은 공덕이 있습니다.

生 생	諸 제	觀 관	死 사	諸 제	三 삼	巧 교
普 보	着 착	察 찰	雖 수	波 바	菩 보	方 방
賢 현	處 처	一 일	行 행	羅 라	提 리	便 편
行 행	從 종	切 체	諸 제	蜜 밀	得 득	皆 개
長 장	於 어	智 지	有 유	離 이	不 불	於 어
菩 보	法 법	道 도	心 심	諸 제	退 퇴	阿 아
薩 살	身 신	離 이	常 상	取 취	轉 전	耨 뇩
力 력	而 이	障 장	淸 청	着 착	具 구	多 다
智 지	示 시	蓋 개	淨 정	不 불	足 족	羅 라
日 일	化 화	網 망	恒 항	樂 락	菩 보	三 삼
慧 혜	形 형	超 초	勤 근	生 생	薩 살	藐 먁

사경의 공덕은 십만억 부처님께 공양한 것과 같은 공덕이 있습니다.

燈悉已圓滿
등실이원만

爾時善財童子詣彼釋女
이시선재동자예피석녀

瞿波之所頂禮其足合掌而
구파지소정례기족합장이

住作如是言聖者我已先發
주작여시언성자아이선발

阿耨多羅三藐三菩提心而
아뇩다라삼막삼보리심이

未知菩薩云何於生死中而
미지보살운하어생사중이

不爲生死過患所染了法自
불위생사과환소염요법자

性而不住聲聞辟支佛地具
성이불주성문벽지불지구

足佛法而修菩薩行住菩薩
족불법이수보살행주보살

地而入佛境界超過世間而
지이입불경계초과세간이

於世受生成就法身而示現
어세수생성취법신이시현

無邊種種色身證無相法而
무변종종색신증무상법이

爲衆生示現諸相知法無說
위중생시현제상지법무설

而廣爲衆生演說諸法知衆
이광위중생연설제법지중

生空而恒不捨化衆生事雖
생공이항불사화중생사수

知諸佛不生不滅而勤供養
지제불불생불멸이근공양

無有退轉雖知諸法無業無
무유퇴전수지제법무업무

報而修諸善行恒不止息時
보이수제선행항부지식시

瞿波女告善財言善哉善哉
구바녀고선재언선재선재

善男子汝今能問菩薩摩訶
선남자여금능문보살마하

薩如是行法修習普賢諸行
살여시행법수습보현제행

사경의 공덕은 십만억 부처님께 공양한 것과 같은 공덕이 있습니다.

願者能如是問諦聽諦聽善
원자능여시문체청체청선

思念之我當承佛神力爲汝
사념지아당승불신력위여

宣說善男子若諸菩薩成就
선설선남자약제보살성취

十法則能圓滿因陀羅網普
십법즉능원만인다라망보

智光明菩薩之行何等爲十
지광명보살지행하등위십

所謂依善知識故得廣大勝
소위의선지식고득광대승

解故得清淨欲樂故得集一切
해고득청정욕락고득집일체

福智故於諸佛所聽聞法故
복 지 고 어 제 불 소 청 문 법 고

心恒不捨三世佛故同於一
심 항 불 사 삼 세 불 고 동 어 일

切菩薩行故一切如來所護
체 보 살 행 고 일 체 여 래 소 호

念故大悲妙願皆淸淨故能
념 고 대 비 묘 원 개 청 정 고 능

以智力普斷一切諸生死故
이 지 력 보 단 일 체 제 생 사 고

是爲十若諸菩薩成就此法
시 위 십 약 제 보 살 성 취 차 법

則能圓滿因陀羅網普智光
즉 능 원 만 인 다 라 망 보 지 광

明(명)菩(보)薩(살)之(지)行(행)

佛(불)子(자)若(약)菩(보)薩(살)親(친)近(근)善(선)知(지)識(식)

則(칙)能(능)精(정)進(진)不(불)退(퇴)修(수)習(습)出(출)生(생)無(무)

盡(진)佛(불)法(법)佛(불)子(자)菩(보)薩(살)以(이)十(십)種(종)法(법)

承(승)事(사)善(선)知(지)識(식)何(하)等(등)爲(위)十(십)所(소)謂(위)

於(어)自(자)身(신)命(명)無(무)所(소)顧(고)惜(석)於(어)世(세)樂(락)

具(구)心(심)不(불)貪(탐)求(구)知(지)一(일)切(체)法(법)性(성)皆(개)

平等永不退捨一切智願觀 (평등영불퇴사일체지원관)

察一切法界實相心恒捨離 (찰일체법계실상심항사리)

一切有海知法如空心無所 (일체유해지법여공심무소)

依成就一切菩薩大願常能 (의성취일체보살대원상능)

示現一切刹海淨修菩薩無 (시현일체찰해정수보살무)

礙智輪佛子應以此法承事 (애지륜불자응이차법승사)

一切諸善知識無所違逆爾 (일체제선지식무소위역이)

時釋迦瞿波女欲重明此義
承佛神力觀察十方而說頌
言

菩薩爲利諸群生
正念親承善知識
敬之如佛心無怠
此行於世帝網行

勝解廣大如虛空
승해광대여허공

一切三世悉入中
일체삼세실입중

國土衆生佛皆爾
국토중생불개이

此是普智光明行
차시보지광명행

志樂如空無有際
지락여공무유제

永斷煩惱離諸垢
영단번뇌리제구

一切佛所修功德
일체불소수공덕

사경의 공덕은 십만억 부처님께 공양한 것과 같은 공덕이 있습니다.

此行於世身雲行
菩薩修習一切智
不可思議功德海
淨諸福德智慧身
此行於世不染行
一切諸佛如來所
聽受其法無厭足

사경의 공덕은 십만억 부처님께 공양한 것과 같은 공덕이 있습니다.

能生實相智慧燈
능생실상지혜등

此行於世普照行
차행어세보조행

十方諸佛無有量
십방제불무유량

一念一切悉能入
일념일체실능입

心恒不捨諸如來
심항불사제여래

此向菩提大願行
차향보리대원행

能入諸佛大衆會
능입제불대중회

一切菩薩三昧海
일체보살삼매해

願海及以方便海
원해급이방편해

此行於世帝網行
차행어세제망행

一切諸佛所加持
일체제불소가지

盡未來際無邊劫
진미래제무변겁

處處修行普賢道
처처수행보현도

此是菩薩分身行
차시보살분신행

見諸衆生受大苦 (견제중생수대고)

起大慈悲現世間 (기대자비현세간)

演法光明除暗冥 (연법광명제암명)

此是菩薩智日行 (차시보살지일행)

見諸衆生在諸趣 (견제중생재제취)

爲集無邊妙法輪 (위집무변묘법륜)

令其永斷生死流 (영기영단생사류)

此(차)是(시)修(수)行(행)普(보)賢(현)行(행)
菩(보)薩(살)修(수)行(행)此(차)方(방)便(편)
隨(수)衆(중)生(생)心(심)而(이)現(현)身(신)
普(보)於(어)一(일)切(체)諸(제)趣(취)中(중)
化(화)度(도)無(무)量(량)諸(제)含(함)識(식)
以(이)大(대)慈(자)悲(비)方(방)便(편)力(력)
普(보)偏(편)世(세)間(간)而(이)現(현)身(신)

隨其解欲爲說法
수기해욕위설법

皆令趣向菩提道
개령취향보리도

時釋迦瞿波說此頌已告
시석가구바설차송이고

善財童子言善男子我已成
선재동자언선남자아이성

就觀察一切菩薩三昧海解
취관찰일체보살삼매해해

脫門善財言大聖此解脫門
탈문선재언대성차해탈문

境界云何答言善男子我入
경계운하답언선남자아입

此解脫知此娑婆世界佛刹
차해탈지차사파세계불찰
微塵數劫所有衆生於諸趣
미진수겁소유중생어제취
中死此生彼作善作惡受諸
중사차생피작선작악수제
果報有求出離不求出離正
과보유구출리불구출리정
定邪定及以不定有煩惱善
정사정급이부정유번뇌선
根無煩惱善根具足善根不
근무번뇌선근구족선근불
具足善根不善根所攝善根
구족선근불선근소섭선근

사경의 공덕은 십만억 부처님께 공양한 것과 같은 공덕이 있습니다.

善根所攝不善根如是所集
선근소섭불선근여시소집

善不善法我皆知見又彼劫
선불선법아개지견우피겁

中所有諸佛名號次第我悉
중소유제불명호차제아실

了知彼佛世尊從初發心及
요지피불세존종초발심급

以方便求一切智出生一切
이방편구일체지출생일체

諸大願海供養諸佛修菩薩
제대원해공양제불수보살

行成等正覺轉妙法輪現大
행성등정각전묘법륜현대

神(신) 通(통) 化(화) 度(도) 衆(중) 生(생) 我(아) 悉(실) 了(료) 知(지) 亦(역)
知(지) 彼(피) 佛(불) 衆(중) 會(회) 差(차) 別(별) 其(기) 衆(중) 會(회) 中(중)
有(유) 諸(제) 衆(중) 生(생) 依(의) 聲(성) 聞(문) 乘(승) 而(이) 得(득) 出(출)
離(리) 其(기) 聲(성) 聞(문) 衆(중) 過(과) 去(거) 修(수) 習(습) 一(일) 切(체)
善(선) 根(근) 及(급) 其(기) 所(소) 得(득) 種(종) 種(종) 智(지) 慧(혜) 我(아)
悉(실) 了(료) 知(지) 有(유) 諸(제) 衆(중) 生(생) 依(의) 獨(독) 覺(각) 乘(승)
而(이) 得(득) 出(출) 離(리) 其(기) 諸(제) 獨(독) 覺(각) 所(소) 有(유) 善(선)

根所得菩提寂滅解脫神通
근소득보리적멸해탈신통

變化成熟衆生入於涅槃我
변화성숙중생입어열반아

悉了知亦知彼佛諸菩薩衆
실료지역지피불제보살중

其諸菩薩從初發心修習善
기제보살종초발심수습선

根出生無量諸大願行成就
근출생무량제대원행성취

滿足諸波羅蜜種種莊嚴菩
만족제바라밀종종장엄보

薩之道以自在力入菩薩地
살지도이자재력입보살지

住(주) 菩(보) 薩(살) 地(지) 觀(관) 菩(보) 薩(살) 地(지) 淨(정) 菩(보) 薩(살)

地(지) 菩(보) 薩(살) 地(지) 相(상) 菩(보) 薩(살) 地(지) 智(지) 菩(보) 薩(살)

攝(섭) 智(지) 菩(보) 薩(살) 教(교) 化(화) 衆(중) 生(생) 智(지) 菩(보) 薩(살)

建(건) 立(립) 智(지) 菩(보) 薩(살) 廣(광) 大(대) 行(행) 境(경) 界(계) 菩(보)

薩(살) 神(신) 通(통) 行(행) 菩(보) 薩(살) 三(삼) 昧(매) 海(해) 菩(보) 薩(살)

方(방) 便(편) 菩(보) 薩(살) 於(어) 念(념) 念(념) 中(중) 所(소) 入(입) 三(삼)

昧(매) 海(해) 所(소) 得(득) 一(일) 切(체) 智(지) 光(광) 明(명) 所(소) 獲(획)

一切智電光雲所得實相忍 (일체지전광운소득실상인)

所通達一切智所住刹海所 (소통달일체지소주찰해소)

入法海所知衆生海所住方 (입법해소지중생해소주방)

便所發誓願所現神通我悉 (편소발서원소현신통아실)

了知善男子此娑婆世界盡 (료지선남자차사바세계진)

未來際所有劫海展轉不斷 (미래제소유겁해전전부단)

我皆了知如知娑婆世界亦 (아개료지여지사바세계역)

盧 로	界 계	無 무	世 세	亦 역	亦 역	知 지
遮 자	世 세	間 간	界 계	知 지	知 지	娑 사
那 나	界 계	所 소	亦 역	娑 사	娑 사	婆 바
世 세	種 종	住 주	知 지	婆 바	婆 바	世 세
尊 존	所 소	世 세	娑 사	世 세	世 세	界 계
此 차	攝 섭	界 계	婆 바	界 계	界 계	內 내
華 화	世 세	亦 역	世 세	微 미	內 내	微 미
藏 장	界 계	知 지	界 계	塵 진	一 일	塵 진
世 세	亦 역	娑 사	外 외	內 내	切 체	數 수
界 계	知 지	婆 바	十 십	所 소	世 세	世 세
海 해	毘 비	世 세	方 방	有 유	界 계	界 계

力 력	世 세	世 세	世 세	立 립	世 세	中 중
故 고	界 계	界 계	界 계	世 세	界 계	十 시
我 아	由 유	名 명	轉 전	界 계	所 소	方 방
悉 실	毘 비	號 호	世 세	輪 륜	謂 위	無 무
能 능	盧 로	盡 진	界 계	世 세	世 세	量 량
知 지	遮 자	此 차	蓮 련	界 계	界 계	諸 제
亦 역	那 나	世 세	華 화	場 장	廣 광	世 세
能 능	世 세	界 계	世 세	世 세	博 박	界 계
憶 억	尊 존	海 해	界 계	界 계	世 세	種 종
念 념	本 본	一 일	須 수	差 차	界 계	所 소
亦 역	願 원	切 체	彌 미	別 별	安 안	攝 섭

念如來往昔所有諸因緣海
념여래왕석소유제인연해

所謂修習一切諸乘方便無
소위수습일체제승방편무

量劫中住菩薩行淨佛國土
량겁중주보살행정불국토

敎化衆生承事諸佛造立住
교화중생승사제불조립주

處聽受說法獲諸三昧得諸
처청수설법획제삼매득제

自在修檀波羅蜜入佛功德
자재수단바라밀입불공덕

海持戒苦行具足諸忍勇猛
해지계고행구족제인용맹

精(정)進(진)成(성)就(취)諸(제)禪(선)圓(원)滿(만)淨(정)慧(혜)於(어)

一(일)切(체)處(처)示(시)現(현)受(수)生(생)普(보)賢(현)行(행)願(원)

悉(실)皆(개)清(청)淨(정)普(보)入(입)諸(제)剎(찰)普(보)淨(정)佛(불)

土(토)普(보)入(입)一(일)切(체)如(여)來(래)智(지)海(해)普(보)攝(섭)

一(일)切(체)諸(제)佛(불)菩(보)提(리)得(득)於(어)如(여)來(래)大(대)

智(지)光(광)明(명)證(증)於(어)諸(제)佛(불)一(일)切(체)智(지)性(성)

成(성)等(등)正(정)覺(각)轉(전)妙(묘)法(법)輪(륜)及(급)其(기)所(소)

有(유)道(도)場(장)衆(중)會(회)其(기)衆(중)會(회)中(중)一(일)切(체)

衆(중)生(생)往(왕)世(세)已(이)來(래)所(소)種(종)善(선)根(근)從(종)

初(초)發(발)心(심)成(성)熟(숙)衆(중)生(생)修(수)行(행)方(방)便(편)

念(념)念(념)增(증)長(장)獲(획)諸(제)三(삼)昧(매)神(신)通(통)解(해)

脫(탈)如(여)是(시)一(일)切(체)我(아)悉(실)了(료)知(지)何(하)以(이)

故(고)我(아)此(차)解(해)脫(탈)能(능)知(지)一(일)切(체)衆(중)生(생)

心(심)行(행)一(일)切(체)衆(중)生(생)修(수)行(제)善(선)根(근)一(일)

切 衆 生 雜 染 淸 淨 一 切 衆 生
체 중 생 잡 염 청 정 일 체 중 생

種 種 差 別 一 切 聲 聞 諸 三 昧
종 종 차 별 일 체 성 문 제 삼 매

門 一 切 緣 覺 寂 靜 三 昧 神 通
문 일 체 연 각 적 정 삼 매 신 통

解 脫 一 切 菩 薩 一 切 如 來 解
해 탈 일 체 보 살 일 체 여 래 해

脫 光 明 皆 了 知 故
탈 광 명 개 료 지 고

爾 時 善 財 童 子 白 瞿 波 言
이 시 선 재 동 자 백 구 파 언

聖 者 得 此 解 脫 其 已 久 如 答
성 자 득 차 해 탈 기 이 구 여 답

사경의 공덕은 십만억 부처님께 공양한 것과 같은 공덕이 있습니다.

言善男子我於往世過佛刹
微塵數劫有劫名勝行世界
名無畏彼世界中有四天下
名爲安隱其四天下閻浮提
中有一王城名高勝樹於八
十王城中最上首彼時有
王名曰財主其王具有六萬

伊 이	有 유	備 비	特 특	其 기	諸 제	婇 채
尼 니	網 망	具 구	人 인	王 왕	王 왕	女 녀
耶 야	縵 만	足 족	所 소	太 태	子 자	五 오
鹿 록	足 족	趺 부	樂 락	子 자	皆 개	百 백
王 왕	跟 근	隆 륭	見 견	名 명	悉 실	大 대
腨 천	齊 제	起 기	足 족	威 위	勇 용	臣 신
七 칠	正 정	手 수	下 하	德 덕	健 건	五 오
處 처	手 수	足 족	平 평	主 주	能 능	百 백
圓 원	足 족	指 지	滿 만	端 단	伏 복	王 왕
滿 만	柔 유	間 간	輪 윤	正 정	怨 원	子 자
陰 음	軟 연	皆 개	相 상	殊 수	敵 적	其 기

藏隱密其身上分如師子王
장은밀기신상분여사자왕

兩肩平滿雙臂長身相端直
양견평만쌍비장신상단직

頸文三道頰如師子具四十
경문삼도협여사자구사십

齒悉皆齊密四牙鮮白其舌
치실개제밀사아선백기설

長廣出梵音聲眼目紺青睫
장광출범음성안목감청첩

如牛王眉間毫相頂上肉髻
여우왕미간호상정상육계

皮膚細軟如眞金色身毛上
피부세연여진금색신모상

女 녀	師 사	車 차	戲 희	與 여	拘 구	靡 미
各 각	子 자	具 구	樂 락	十 십	陀 타	髮 발
執 집	之 지	有 유	太 태	千 천	樹 수	帝 제
寶 보	座 좌	種 종	子 자	婇 채	爾 이	青 청
繩 승	而 이	種 종	是 시	女 녀	時 시	色 색
牽 견	坐 좌	嚴 엄	時 시	詣 예	太 태	其 기
馭 어	其 기	飾 식	乘 승	香 향	子 자	身 신
而 이	上 상	置 치	妙 묘	牙 아	受 수	洪 홍
行 행	五 오	大 대	寶 보	園 원	父 부	滿 만
進 진	百 백	摩 마	車 거	遊 유	王 왕	如 여
止 지	婇 채	尼 니	其 기	觀 관	教 교	尼 니

사경의 공덕은 십만억 부처님께 공양한 것과 같은 공덕이 있습니다.

無 무	後 후	名 명	人 인	百 백	諸 제	有 유
有 유	圍 위	香 향	作 작	千 천	寶 보	度 도
高 고	遶 요	百 백	諸 제	萬 만	蓋 개	不 부
下 하	而 이	千 천	妓 기	人 인	百 백	遲 지
衆 중	爲 위	萬 만	樂 악	持 지	千 천	不 부
寶 보	翊 익	人 인	百 백	諸 제	萬 만	速 속
雜 잡	從 종	散 산	千 천	寶 보	人 인	百 백
華 화	道 도	諸 제	萬 만	幡 번	持 지	千 천
散 산	路 로	妙 묘	人 인	百 백	諸 제	萬 만
布 포	平 평	華 화	燒 소	千 천	寶 보	人 인
其 기	正 정	前 전	諸 제	萬 만	幢 당	持 지

上寶樹行列寶網彌覆種種 (상보수행렬보망미부종종)
樓閣延袤其間其樓閣中或 (루각연무기간기루각중혹)
有積聚種種珍寶或有陳列 (유적취종종진보혹유진렬)
諸莊嚴具或有供設種種飲 (제장엄구혹유공설종종음)
食或有懸布種種衣服或有 (식혹유현포종종의복혹유)
備擬諸資生物或復安置端 (비의제자생물혹부안치단)
正女人及以無量僮僕侍從 (정녀인급이무량동복시종)

足 족	辯 변	青 청	洪 홍	足 족	人 인	隨 수
慚 참	論 론	聲 성	纖 섬	妙 묘	名 명	有 유
愧 괴	恭 공	如 여	得 득	德 덕	爲 위	所 소
柔 유	勤 근	梵 범	所 소	顏 안	善 선	須 수
和 화	匪 비	音 음	修 수	容 용	現 현	悉 실
質 질	懈 해	善 선	短 단	端 단	將 장	皆 개
直 직	慈 자	達 달	合 합	正 정	一 일	施 시
離 이	愍 민	工 공	度 도	色 색	童 동	與 여
癡 치	不 불	巧 교	目 목	相 상	女 녀	時 시
寡 과	害 해	精 정	髮 발	嚴 엄	名 명	有 유
欲 욕	具 구	通 통	紺 감	潔 결	具 구	母 모

故 고	滅 멸	敬 경	生 생	子 자	遶 요	無 무
此 차	母 모	事 사	愛 애	行 행	及 급	諸 제
甚 심	告 고	此 차	染 염	見 견	與 여	諂 첨
難 난	女 녀	人 인	而 이	其 기	其 기	誑 광
得 득	言 언	若 약	白 백	太 태	母 모	乘 승
此 차	莫 막	不 불	母 모	子 자	從 종	妙 묘
人 인	生 생	遂 수	言 언	言 언	王 왕	寶 보
具 구	此 차	情 정	我 아	辭 사	城 성	車 거
足 족	念 념	當 당	心 심	諷 풍	出 출	綵 채
輪 륜	何 하	自 자	願 원	詠 영	先 선	女 녀
王 왕	以 이	殞 운	得 득	心 심	太 태	圍 위

사경의 공덕은 십만억 부처님께 공양한 것과 같은 공덕이 있습니다.

諸相後當嗣位作轉輪王有
제상후당사위작전륜왕유
寶女出騰空自在我等卑賤
보녀출등공자재아등비천
非其匹偶此處難得勿生是
비기필우차처난득불생시
念彼香牙園側有一道場名
념피향아원측유일도량명
法雲光明時有如來名勝日
법운광명시유여래명승일
身十號具足於中出現已經
신십호구족어중출현이경
七日時彼童女暫時假寐夢
칠일시피동녀잠시가매몽

見其佛從夢覺已空中有天
견기불종몽각이공중유천

而告之言勝日身如來於法
이고지언승일신여래어법

雲光明道場成等正覺已經
운광명도량성등정각이경

七日諸菩薩衆前後圍遶天
칠일제보살중전후위요천

龍夜叉乾闥婆阿修羅迦樓
룡야차건달바아수라가루

羅緊那羅摩睺羅伽梵天乃
라긴나라마후라가범천내

至色究竟天諸地神風神火
지색구경천제지신풍신화

사경의 공덕은 십만억 부처님께 공양한 것과 같은 공덕이 있습니다.

神신 水수 神신 河하 神신 海해 神신 山산 神신 樹수 神신
園원 神신 藥약 神신 主주 城성 神신 等등 爲위 見견 佛불
故고 皆개 來래 集집 會회 時시 妙묘 德덕 童동 女녀 夢몽
覩도 如여 來래 故고 聞문 佛불 功공 德덕 故고 其기 心심
安안 隱은 無무 有유 怖포 畏외 於어 太태 子자 前전 而이
說설 頌송 言언
我아 身신 最최 端단 正정
名명 聞문 徧편 十시 方방

智(지)慧(혜)無(무)等(등)倫(륜)
無(무)量(량)百(백)千(천)衆(중)
我(아)心(심)不(불)於(어)彼(피)
無(무)瞋(진)亦(역)無(무)恨(한)
但(단)發(발)廣(광)大(대)心(심)
我(아)今(금)見(견)太(태)子(자)
其(기)心(심)大(대)欣(흔)慶(경)

善(선)達(달)諸(제)工(공)巧(교)
見(견)我(아)皆(개)貪(탐)染(염)
而(이)生(생)少(소)愛(애)欲(욕)
無(무)嫌(혐)亦(역)無(무)喜(희)
利(이)益(익)諸(제)衆(중)生(생)
具(구)諸(제)功(공)德(덕)相(상)
諸(제)根(근)咸(함)悅(열)樂(락)

色如光明寶 (색여광명보)
額廣眉纖曲 (액광미섬곡)
我觀太子身 (아관태자신)
亦如大寶山 (역여대보산)
目廣紺青色 (목광감청색)
喜顏美妙音 (희안미묘음)
舌相廣長妙 (설상광장묘)

髮美而右旋 (발미이우선)
我心願事汝 (아심원사여)
譬如眞金像 (비여진금상)
相好有光明 (상호유광명)
月面師子頰 (월면사자협)
願垂哀納我 (원수애납아)
猶如赤銅色 (유여적동색)

梵音緊那聲 聞者皆歡喜
범음긴나성 문자개환희

口方不褰縮 齒白悉齊密
구방불건축 치백실제밀

發言現笑時 見者心歡喜
발언현소시 견자심환희

離垢清淨身 具相三十二
이구청정신 구상삼십이

必當於此界 而作轉輪位
필당어차계 이작전륜위

爾時太子告彼女言汝是
이시태자고피녀언여시

誰女爲誰守護若先屬人我
수녀위수수호약선속인아

則不應起愛染心爾時太子
즉불응기애염심이시태자

以頌問言
이송문언

汝身極淸淨 功德相具足
여신극청정 공덕상구족

我今問於汝 汝於誰所住
아금문어여 여어수소주

誰爲汝父母 汝今繫屬誰
수위여부모 여금계속수

若已屬於人 彼人攝受汝
약이속어인 피인섭수여

汝不盜他物 汝不有害心
여부도타물 여불유해심

汝(여) 不(불) 作(작) 邪(사) 婬(음)
不(불) 說(설) 他(타) 人(인) 惡(악)
不(불) 侵(침) 他(타) 境(경) 界(계)
不(불) 生(생) 邪(사) 險(험) 見(견)
不(불) 以(이) 諂(첨) 曲(곡) 力(력)
尊(존) 重(중) 父(부) 母(모) 不(부)
見(견) 諸(제) 貧(빈) 窮(궁) 人(인)

汝(여) 依(의) 何(하) 語(어) 住(주)
不(불) 壞(괴) 他(타) 所(소) 親(친)
不(불) 於(어) 他(타) 恚(에) 怒(노)
不(부) 作(작) 相(상) 違(위) 業(업)
方(방) 便(편) 誑(광) 世(세) 間(간)
敬(경) 善(선) 知(지) 識(식) 不(부)
能(능) 生(생) 攝(섭) 心(심) 不(부)

若(약)有(유)善(선)知(지)識(식)
能(능)生(생)堅(견)固(고)心(심)
愛(애)樂(락)於(어)佛(불)不(부)
衆(중)僧(승)功(공)德(덕)海(해)
汝(여)能(능)知(지)法(법)不(부)
爲(위)住(주)於(어)法(법)中(중)
見(견)諸(제)孤(고)獨(독)者(자)

誨(회)示(시)於(어)汝(여)法(법)
究(구)竟(경)尊(존)重(중)不(부)
了(요)知(지)菩(보)薩(살)不(부)
汝(여)能(능)恭(공)敬(경)不(부)
能(능)淨(정)衆(중)生(생)不(부)
爲(위)住(주)於(어)非(비)法(법)
能(능)起(기)慈(자)心(심)不(부)

見惡道衆生 能生大悲不
견악도중생 능생대비부

見他得榮樂 能生歡喜不
견타득영락 능생환희부

他來逼迫汝 汝無瞋惱不
타래핍박여 여무진뇌부

汝發菩提意 開悟衆生不
여발보리의 개오중생부

無邊劫修行 能無疲倦不
무변겁수행 능무피권부

爾時女母爲 其太子而說
이시여모위 기태자이설

頌言
송언

太子汝應聽 (태자여응청)
初生及成長 (초생급성장)
太子始生日 (태자시생일)
其目淨修廣 (기목정수광)
我曾於春月 (아증어춘월)
普見諸藥草 (보현제약초)
奇樹發妙華 (기수발묘화)

我今說此女 (아금설차녀)
一切諸因緣 (일체제인연)
即從蓮華生 (즉종련화생)
肢節悉具足 (지절실구족)
遊觀娑羅園 (유관사라원)
種種皆榮茂 (종종개영무)
望之如慶雲 (망지여경운)

好(호)鳥(조)相(상)和(화)鳴(명)
同(동)遊(유)八(팔)百(백)女(녀)
被(피)服(복)皆(개)嚴(엄)麗(려)
彼(피)園(원)有(유)浴(욕)池(지)
我(아)於(어)池(지)岸(안)坐(좌)
於(어)彼(피)蓮(련)池(지)內(내)
寶(보)葉(엽)琉(유)璃(리)莖(경)

林(임)間(간)共(공)歡(환)樂(락)
端(단)正(정)奪(탈)人(인)心(심)
歌(가)詠(영)悉(실)殊(수)美(미)
名(명)曰(왈)蓮(련)華(화)幢(당)
婇(채)女(녀)衆(중)圍(위)遶(요)
忽(홀)生(생)千(천)葉(엽)華(화)
閻(염)浮(부)金(금)爲(위)臺(대)

爾時夜分盡
이시야분진

其蓮正開剖
기련정개부

其光極熾盛
기광극치성

普照閻浮提
보조염부제

時見此玉女
시견차옥녀

其身甚淸淨
기신심청정

此是人間寶
차시인간보

日光初出現
일광초출현

放大淸淨光
방대청정광

譬如日初出
비여일초출

衆歎未曾有
중탄미증유

從彼蓮華生
종피련화생

肢分皆圓滿
지분개원만

從於淨業生
종어정업생

宿숙 因인 無무 失실 壞괴
紺감 髮발 靑청 蓮련 眼안
華화 鬘만 衆중 寶보 髻계
肢지 節절 悉실 具구 足족
譬비 如여 眞진 金금 像상
毛모 孔공 栴전 檀단 香향
口구 出출 靑청 蓮련 香향
今금 受수 此차 果과 報보
梵범 聲성 金금 色색 光광
淸청 淨정 無무 諸제 垢구
其기 身신 無무 缺결 減감
安안 處처 寶보 華화 中중
普보 熏훈 於어 一일 切체
常상 演연 梵범 音음 聲성

此女所住處 (차녀소주처)
不應下劣人 (불응하렬인)
世間無有人 (세간무유인)
唯汝相嚴身 (유여상엄신)
非長亦非短 (비장역비단)
種種悉端嚴 (종종실단엄)
文字算數法 (문자산수법)

常有天音樂 (상유천음악)
而當如是偶 (이당여시우)
堪與此爲夫 (감여차위부)
願垂見納受 (원수견납수)
非麤亦非細 (비추역비세)
願垂見納受 (원수견납수)
工巧諸技藝 (공교제기예)

一切皆通達 일체개통달
善了諸兵法 선료제병법
能調難可調 능조난가조
其身甚清淨 기신심청정
功德自莊嚴 공덕자장엄
衆生所有患 중생소유환
應病而與藥 응병이여약

願垂見納受 원수견납수
巧斷衆諍訟 교단중쟁송
願垂見納受 원수견납수
見者無厭足 견자무염족
汝應垂納受 여응수납수
善達彼緣起 선달피연기
一切能消滅 일체능소멸

恭 공	質 질	不 부	而 이	婦 부	乃 내	閻 염
敬 경	直 직	嫉 질	無 무	人 인	至 지	浮 부
於 어	性 성	亦 역	女 녀	之 지	妓 기	語 어
尊 존	柔 유	不 불	人 인	所 소	樂 악	言 언
者 자	軟 연	慳 간	過 과	能 능	音 음	法 법
奉 봉	離 이	無 무	願 원	此 차	靡 미	差 차
事 사	諸 제	貪 탐	垂 수	女 녀	不 불	別 별
無 무	麤 추	亦 역	速 속	一 일	皆 개	無 무
違 위	獷 광	無 무	納 납	切 체	通 통	量 량
逆 역	惡 악	恚 에	受 수	知 지	達 달	種 종

樂낙 修수 諸제 善선 行행
若약 見견 於어 老노 病병
無무 救구 無무 所소 依의
常상 觀관 第제 一일 義의
但단 願원 益익 衆중 生생
行행 住주 與여 坐좌 臥와
言언 說설 及급 默묵 然연

此차 能능 隨수 順순 汝여
貧빈 窮궁 在재 苦고 難난
常상 生생 大대 慈자 愍민
不불 求구 自자 利리 樂락
以이 此차 莊장 嚴엄 心심
一일 切체 無무 放방 逸일
見견 者자 咸함 欣흔 樂락

雖於一切處 (수어일체처)
見有功德人 (견유공덕인)
尊重善知識 (존중선지식)
其心不躁動 (기심부조동)
福智所莊嚴 (복지소장엄)
女人中最上 (여인중최상)
爾時太子入 (이시태자입)

皆無染着心 (개무염착심)
樂觀無厭足 (낙관무염족)
樂見離惡人 (낙견리악인)
先思後作業 (선사후작업)
一切無怨恨 (일체무원한)
宜應事太子 (의응사태자)
香牙園已告 (향아원이고)

其妙德及善現言善女我趣
기 묘 덕 급 선 현 언 선 녀 아 취

求阿耨多羅三藐三菩提當
구 아 녹 다 라 삼 약 삼 보 리 당

於盡未來際無量劫集一切
어 진 미 래 제 무 량 겁 집 일 체

智助道之法修無邊菩薩行
지 조 도 지 법 수 무 변 보 살 행

淨一切波羅蜜供養一切諸
정 일 체 파 라 밀 공 양 일 체 제

如來護持一切諸佛教嚴淨
여 래 호 지 일 체 제 불 교 엄 정

一切佛國土當令一切如來
일 체 불 국 토 당 령 일 체 여 래

種(종) 性(성) 不(부) 斷(단) 當(당) 隨(수) 一(일) 切(체) 衆(중) 生(생) 種(종)
性(성) 而(이) 普(보) 成(성) 熟(숙) 當(당) 滅(멸) 一(일) 切(체) 衆(중) 生(생)
生(생) 死(사) 苦(고) 置(치) 於(어) 究(구) 竟(경) 安(안) 樂(락) 處(처) 當(당)
淨(정) 治(치) 一(일) 切(체) 衆(중) 生(생) 智(지) 慧(혜) 眼(안) 當(당) 修(수)
習(습) 一(일) 切(체) 菩(보) 薩(살) 所(소) 修(수) 行(행) 當(당) 安(안) 住(주)
一(일) 切(체) 菩(보) 薩(살) 平(평) 等(등) 心(심) 當(당) 成(성) 就(취) 一(일)
切(체) 菩(보) 薩(살) 所(소) 行(행) 地(지) 當(당) 令(령) 一(일) 切(체) 衆(중)

難 난	當 당	外 외	男 남	生 생	來 래	生 생
施 시	於 어	所 소	女 녀	普 보	際 제	普 보
財 재	爾 이	有 유	頭 두	得 득	行 행	歡 환
物 물	時 시	悉 실	目 목	滿 만	檀 단	喜 희
時 시	汝 여	當 당	手 수	足 족	波 바	當 당
汝 여	或 혹	捨 사	足 족	衣 의	羅 라	捨 사
心 심	於 어	施 시	如 여	服 복	蜜 밀	一 일
悋 인	我 아	無 무	是 시	飮 음	令 영	切 체
惜 석	而 이	所 소	一 일	食 식	一 일	物 물
施 시	作 작	悋 인	切 체	妻 처	切 체	盡 진
男 남	障 장	惜 석	內 내	妾 첩	衆 중	未 미

女(녀)時(시)汝(여)心(심)痛(통)惱(뇌)割(할)肢(지)體(체)時(시)汝(여)

心(심)憂(우)悶(민)捨(사)汝(여)出(출)家(가)汝(여)心(심)悔(회)恨(한)

爾(이)時(시)太(태)子(자)卽(즉)爲(위)妙(묘)德(덕)而(이)說(설)頌(송)

言(언)

哀(애)愍(민)衆(중)生(생)故(고)

我(아)發(발)菩(보)提(리)心(심)

當(당)於(어)無(무)量(량)劫(겁)

習(습)行(행)一(일)切(체)智(지)

無(무)量(량)大(대)劫(겁)中(중)

淨(정)修(수)諸(제)願(원)海(해)

入地及治障
입지급치장

三世諸佛所
삼세제불소

具足方便行
구족방편행

十方垢穢刹
십방구예찰

一切惡道難
일체악도난

我當以方便
아당이방편

令滅愚癡暗
영멸우치암

悉經無量劫
실경무량겁

學六波羅蜜
학륙파라밀

成就菩提道
성취보제도

我當悉嚴淨
아당실엄정

我當令永出
아당령영출

廣度諸群生
광도제군생

住於佛智道
주어불지도

사경의 공덕은 십만억 부처님께 공양한 것과 같은 공덕이 있습니다.

當供一切佛 당공일체불
起大慈悲心 기대자비심
汝見來乞者 여견래걸자
我心常樂施 아심상락시
若見我施頭 약견아시두
我今先語汝 아금선어여
乃至截手足 내지절수족

當淨一切地 당정일체지
悉捨內外物 실사내외물
或生慳悋心 혹생간린심
汝勿違於我 여물위어아
愼勿生憂惱 신물생우뇌
令汝心堅固 영여심견고
汝勿嫌乞者 여물혐걸자

汝(여)今(금)聞(문)我(아)語(어)

應(응)可(가)諦(체)思(사)惟(유)

男(남)女(녀)所(소)愛(애)物(물)

一(일)切(체)我(아)皆(개)捨(사)

汝(여)能(능)順(순)我(아)心(심)

我(아)當(당)成(성)汝(여)意(의)

爾(이)時(시)童(동)女(녀)白(백)

太(태)子(자)言(언)敬(경)奉(봉)

來(래)教(교)卽(즉)說(설)頌(송)言(언)

無(무)量(량)劫(겁)海(해)中(중)

地(지)獄(옥)火(화)焚(분)身(신)

若(약)能(능)眷(권)納(납)我(아)

甘(감)心(심)受(수)此(차)苦(고)

若 약	汝 여	無 무	若 약	無 무	若 약	無 무
能 능	得 득	量 량	能 능	量 량	能 능	量 량
眷 권	法 법	生 생	眷 권	劫 겁	眷 권	受 수
納 납	王 왕	死 사	納 납	頂 정	納 납	生 생
我 아	處 처	海 해	我 아	戴 대	我 아	處 처
與 여	願 원	以 이	甘 감	廣 광	甘 감	碎 쇄
我 아	令 령	我 아	心 심	大 대	心 심	身 신
爲 위	我 아	身 신	受 수	金 금	受 수	如 여
主 주	亦 역	肉 육	此 차	剛 강	此 차	微 미
者 자	然 연	施 시	苦 고	山 산	苦 고	塵 진

生生行施處 (생생행시처)
爲愍衆生苦 (위민중생고)
旣已攝衆生 (기이섭중생)
我不求豪富 (아불구호부)
但爲共行法 (단위공행법)
紺靑修廣眼 (감청수광안)
不起染着心 (불기염착심)

願常以我施 (원상이아시)
而發菩提心 (이발보리심)
亦當攝受我 (역당섭수아)
不貪五欲樂 (불탐오욕락)
願以仁爲主 (원이인위주)
慈愍觀世間 (자민관세간)
必成菩薩道 (필성보살도)

太(태)子(자)所(소)行(행)處(처)
必(필)作(작)轉(전)輪(륜)王(왕)
我(아)曾(증)夢(몽)見(견)此(차)
如(여)來(래)樹(수)下(하)坐(좌)
我(아)夢(몽)彼(피)如(여)來(래)
以(이)手(수)摩(마)我(아)頂(정)
往(왕)昔(석)眷(권)屬(속)天(천)

地(지)出(출)衆(중)寶(보)華(화)
願(원)能(능)眷(권)納(납)我(아)
妙(묘)法(법)菩(보)提(리)場(장)
無(무)量(량)衆(중)圍(위)遶(요)
身(신)如(여)眞(진)金(금)山(산)
寤(오)已(이)心(심)歡(환)喜(희)
名(명)曰(왈)喜(희)光(광)明(명)

彼天爲我說 道場佛興世
피천위아설 도장불흥세

我曾生是念 願見太子身
아증생시념 원견태자신

彼天報我言 汝今當得見
피천보아언 여금당득견

我昔所志願 於今悉成滿
아석소지원 어금실성만

唯願俱往詣 供養彼如來
유원구왕예 공양피여래

爾時太子聞勝日身如來
이시태자문승일신여래

名生大歡喜願見彼佛以五
명생대환희원견피불이오

百(백) 摩(마) 尼(니) 寶(보) 散(산) 其(기) 女(녀) 上(상) 冠(관) 以(이) 妙(묘)

藏(장) 光(광) 明(명) 寶(보) 冠(관) 被(피) 以(이) 火(화) 焰(염) 摩(마) 尼(니)

寶(보) 衣(의) 其(기) 女(녀) 爾(이) 時(시) 心(심) 不(불) 動(동) 搖(요) 亦(역)

無(무) 喜(희) 相(상) 但(단) 合(합) 掌(장) 恭(공) 敬(경) 瞻(첨) 仰(앙) 太(태)

子(자) 目(목) 不(불) 暫(잠) 捨(사) 其(기) 母(모) 善(선) 現(현) 於(어) 太(태)

子(자) 前(전) 而(이) 說(설) 頌(송) 言(언)

此(차) 女(녀) 極(극) 端(단) 正(정)

功(공) 德(덕) 莊(장) 嚴(엄) 身(신)

昔願奉太子
持戒有智慧
普於一切世
此女蓮華生
太子同行業
此女身柔軟
其手所觸摩

今意已滿足
具足諸功德
最勝無倫匹
種姓無譏醜
遠離一切過
猶如天繒纊
衆患悉除滅

毛孔出妙香 모공출묘향
衆生若聞者 중생약문자
身色如眞金 신색여진금
衆生若見者 중생약견자
言音極柔軟 언음극유연
衆生若得聞 중생약득문
心淨無瑕垢 심정무하구

芬馨最無比 분형최무비
悉住於淨戒 실주어정계
端坐華臺上 단좌화대상
離害具慈心 이해구자심
聽之無不喜 청지무불희
悉離諸惡業 실리제악업
遠離諸諂曲 원리제첨곡

稱心而發言 聞者皆歡喜
칭심이발언 문자개환희

調柔具慚愧 恭敬於尊宿
조유구참괴 공경어존숙

無貪亦無誑 憐愍諸衆生
무탐역무광 연민제중생

此女心不恃 色相及眷屬
차녀심불시 색상급권속

但以淸淨心 恭敬一切佛
단이청정심 공경일체불

爾時太子與妙德女及十千婇女幷其眷屬出香牙園
이시태자여묘덕녀급십천채녀병기권속출향아원

持 지	數 수	信 신	如 여	嚴 엄	步 보	詣 예
五 오	帀 잡	踊 용	大 대	寂 적	進 진	法 법
百 백	於 어	躍 약	龍 룡	靜 정	詣 예	雲 운
妙 묘	時 시	歡 환	池 지	諸 제	如 여	光 광
寶 보	太 태	喜 희	無 무	根 근	來 래	明 명
蓮 련	子 자	頂 정	諸 제	調 조	所 소	道 도
華 화	及 급	禮 례	垢 구	順 순	見 견	場 량
供 공	妙 묘	佛 불	濁 탁	內 내	佛 불	至 지
散 산	德 덕	足 족	皆 개	外 외	身 신	已 이
彼 피	女 녀	遶 요	生 생	淸 청	相 상	下 하
佛 불	各 각	無 무	淨 정	淨 정	端 단	車 차

太子爲佛造五百精舍一一
태자위불조오백정사일일

皆以香木所成衆寶莊嚴五
개이향목소성중보장엄오

百摩尼以爲間錯時佛爲說
백마니이위간착시불위설

普眼燈門修多羅聞是經已
보안등문수다라문시경이

於一切法中得三昧海所謂
어일체법중득삼매해소위

得普照一切佛願海三昧普
득보조일체불원해삼매보

照三世藏三昧現見一切佛
조삼세장삼매현견일체불

사경의 공덕은 십만억 부처님께 공양한 것과 같은 공덕이 있습니다.

賢 현	演 연	普 보	救 구	普 보	昧 매	道 도
清 청	一 일	照 조	護 호	照 조	普 보	場 량
淨 정	切 체	一 일	一 일	一 일	照 조	三 삼
行 행	佛 불	切 체	切 체	切 체	一 일	昧 매
三 삼	法 법	衆 중	衆 중	衆 중	切 체	普 보
昧 매	輪 륜	生 생	生 생	生 생	世 세	照 조
時 시	三 삼	大 대	光 광	根 근	間 간	一 일
妙 묘	昧 매	明 명	明 명	智 지	智 지	切 체
德 덕	具 구	燈 등	雲 운	燈 등	燈 등	衆 중
女 녀	足 족	三 삼	三 삼	三 삼	三 삼	生 생
得 득	普 보	昧 매	昧 매	昧 매	昧 매	三 삼

三昧名難勝海藏於阿耨多
삼매명난승해장어아뇩다
羅三藐三菩提永不退轉時
라삼먁삼보리영불퇴전시
彼太子與妙德女幷其眷屬
피태자여묘덕녀병기권속
頂禮佛足遶無數帀辭退還
정례불족요무수잡사퇴환
宮詣父王所拜跪畢已奉白
궁예부왕소배궤필이봉백
王言大王當知勝日身如來
왕언대왕당지승일신여래
出興於世於此國內法雲光
출흥어세어차국내법운광

明(명)菩(보)提(리)場(장)中(중)成(성)等(등)正(정)覺(각)于(우)今(금)
未(미)久(구)爾(이)時(시)大(대)王(왕)語(어)太(태)子(자)言(언)是(시)
誰(수)爲(위)汝(여)說(설)如(여)是(시)事(사)天(천)耶(야)人(인)耶(야)
太(태)子(자)白(백)言(언)是(시)此(차)具(구)足(족)妙(묘)德(덕)女(녀)
說(설)時(시)王(왕)聞(문)已(이)歡(환)喜(희)無(무)量(량)譬(비)如(여)
貧(빈)人(인)得(득)大(대)伏(복)藏(장)作(작)如(여)是(시)念(념)佛(불)
無(무)上(상)寶(보)難(난)可(가)値(치)遇(우)若(약)得(득)見(견)佛(불)

永斷一切惡道怖畏佛如醫
영단일체악도포외불여의

王能治一切諸煩惱病能救
왕능치일체제번뇌병능구

一切生死大苦佛如導師能
일체생사대고불여도사능

令衆生至於究竟安隱住處
령중생지어구경안은주처

作是念已集諸小王群臣眷
작시념이집제소왕군신권

屬及以刹利婆羅門等一切
속급이찰리바라문등일체

大衆便捨王位授與太子灌
대중편사왕위수여태자관

頂訖已與萬人俱往詣佛所
정흘이여만인구왕예불소

到已禮足遶無數帀幷其眷
도이례족요무수잡병기권

屬悉皆退坐爾時如來觀察
속실개퇴좌이시여래관찰

彼王及諸大衆白毫相中放
피왕급제대중백호상중방

大光明名一切世間心燈普
대광명명일체세간심등보

照十方無量世界住於一切
조십방무량세계주어일체

世主之前示現如來不可思
세주지전시현여래불가사

議(의) 大(대) 神(신) 通(통) 力(력) 普(보) 令(령) 一(일) 切(체) 應(응) 受(수)
化(화) 者(자) 心(심) 得(득) 淸(청) 淨(정) 爾(이) 時(시) 如(여) 來(래) 以(이)
不(부) 思(사) 議(의) 自(자) 在(재) 神(신) 力(력) 現(현) 身(신) 超(초) 出(출)
一(일) 切(체) 世(세) 間(간) 以(이) 圓(원) 滿(만) 音(음) 普(보) 爲(위) 大(대)
衆(중) 說(설) 陀(다) 羅(라) 尼(니) 名(명) 一(일) 切(체) 法(법) 義(의) 離(리)
暗(암) 燈(등) 佛(불) 刹(찰) 微(미) 塵(진) 數(수) 陀(다) 羅(라) 尼(니) 而(이)
爲(위) 眷(권) 屬(속) 彼(피) 王(왕) 聞(문) 已(이) 卽(즉) 時(시) 獲(획) 得(득)

大智光明其衆會中有閻浮
대지광명기중회중유염부

提微塵數菩薩俱時證得此
제미진수보살구시증득차

陀羅尼六十萬那由他人盡
다라니육십만나유타인진

諸有漏心得解脫十千衆生
제유루심득해탈십천중생

遠塵離垢得法眼淨無量衆
원리이구득법안정무량중

生發菩提心時佛又以不思
생발보리심시불우이부사

議力廣現神變普於十方無
의력광현신변보어십방무

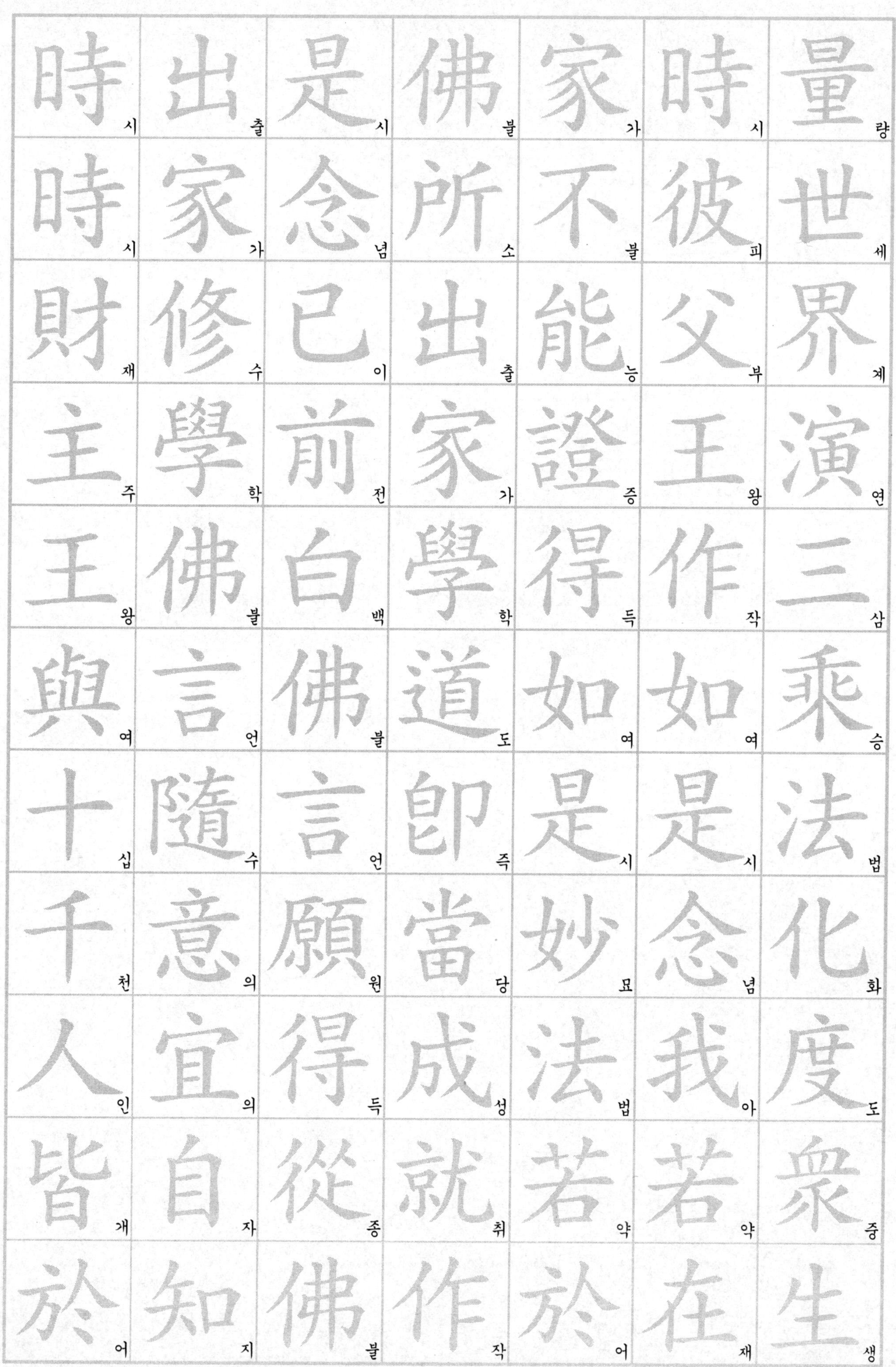

사경의 공덕은 십만억 부처님께 공양한 것과 같은 공덕이 있습니다.

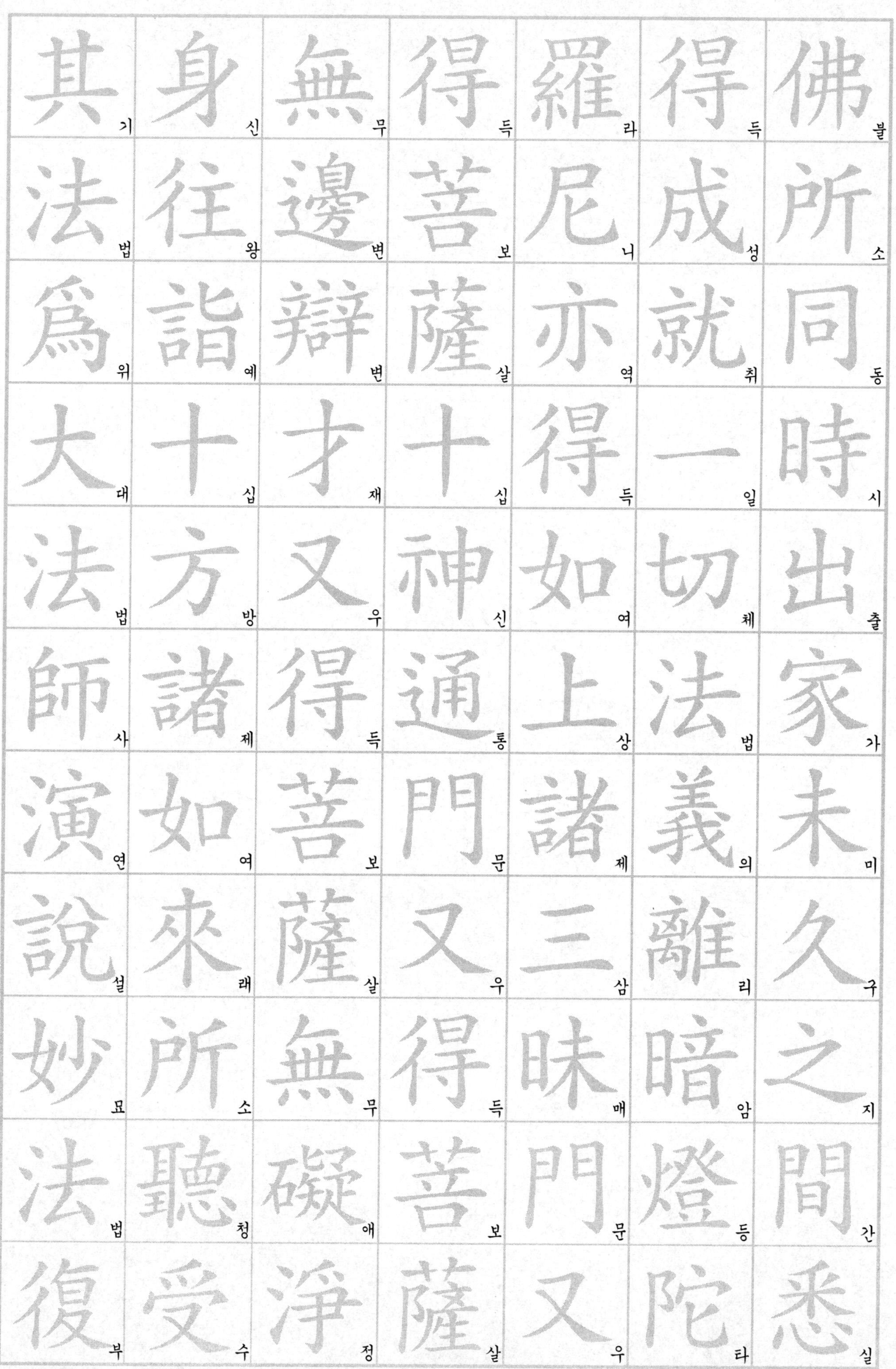
佛所同時出家未久之間悉
불 소 동 시 출 가 미 구 지 간 실
得成就一切法義離暗燈陀
득 성 취 일 체 법 의 리 암 등 타
羅尼亦得如上諸三昧門又
라 니 역 득 여 상 제 삼 매 문 우
得菩薩十神通門又得菩薩
득 보 살 십 신 통 문 우 득 보 살
無邊辯才又得菩薩無礙淨
무 변 변 재 우 득 보 살 무 애 정
身往詣十方諸如來所聽受
신 왕 예 십 방 제 여 래 소 청 수
其法爲大法師演說妙法復
기 법 위 대 법 사 연 설 묘 법 부

以(이)神(신)力(력)徧(변)十(시)方(방)刹(찰)隨(수)衆(중)生(생)心(심)
而(이)爲(위)現(현)身(신)讚(찬)佛(불)出(출)現(현)說(설)佛(불)本(본)
行(행)示(시)佛(불)本(본)緣(연)稱(칭)揚(양)如(여)來(래)自(자)在(재)
神(신)力(력)護(호)持(지)於(어)佛(불)所(소)說(설)教(교)法(법)
爾(이)時(시)太(태)子(자)於(어)十(십)五(오)日(일)在(재)正(정)
殿(전)上(상)婇(채)女(녀)圍(위)遶(요)七(칠)寶(보)自(자)至(지)一(일)
者(자)輪(륜)寶(보)名(명)無(무)礙(애)行(행)二(이)者(자)象(상)寶(보)

千 천	提 제	七 칠	爲 위	女 여	風 풍	名 명
子 자	正 정	寶 보	大 대	寶 보	四 사	金 금
端 단	法 법	具 구	財 재	名 명	者 자	剛 강
正 정	治 치	足 족	七 칠	具 구	珠 주	身 신
勇 용	世 세	爲 위	主 주	妙 묘	寶 보	三 삼
健 건	人 인	轉 전	兵 병	德 덕	名 명	者 자
能 능	民 민	輪 륜	寶 보	六 육	日 일	馬 마
伏 복	快 쾌	王 왕	名 명	藏 장	光 광	寶 보
怨 원	樂 락	主 주	離 이	臣 신	藏 장	名 명
敵 적	王 왕	閻 염	垢 구	寶 보	五 오	迅 신
其 기	有 유	浮 부	眼 안	名 명	者 자	疾 질

閻浮提中有八十王城一一
염부제중유팔십왕성일일

城中有五百僧坊一一僧坊
성중유오백승방일일승방

立佛支提皆悉高廣以衆妙
입불지제개실고광이중묘

寶而爲挍飾一一王城皆請
보이위교식일일왕성개청

如來以不思議衆妙供具而
여래이부사의중묘공구이

爲供養佛入城時現大神力
위공양불입성시현대신력

令無量衆生種諸善根無量
영무량중생종제선근무량

衆生心得淸淨見佛歡喜發
중생심득청정견불환희발

菩提意起大悲心利益衆生
보리의기대비심리익중생

勤修佛法入眞實義住於法
근수불법입진실의주어법

性了法平等獲三世智等觀
성요법평등획삼세지등관

三世知一切佛出興次第說
삼세지일체불출흥차제설

種種法攝取衆生發菩薩願
종종법섭취중생발보살원

入菩薩道知如來法成就法
입보도지여래법성취법

海能普現身偏一切刹知衆
해능보현신변일체찰지중

生根及其性欲令其發起一
생근급기성욕영기발기일

切智願
체지원

佛子於汝意云何彼時太
불자어여의운하피시태

子得輪王位供養佛者豈異
자득륜왕위공양불자기이

人乎今釋迦牟尼佛是也財
인호금석가모니불시야재

主王者寶華佛是其寶華佛
주왕자보화불시기보화불

現(현)在(재)東(동)方(방)過(과)世(세)界(계)海(해)微(미)塵(진)數(수)
佛(불)刹(찰)有(유)世(세)界(계)海(해)名(명)現(현)法(법)界(계)虛(허)
空(공)影(영)像(상)雲(운)中(중)有(유)世(세)界(계)名(명)種(종)普(보)
現(현)三(삼)世(세)影(영)摩(마)尼(니)王(왕)彼(피)世(세)界(계)種(종)
中(중)有(유)世(세)界(계)名(명)圓(원)滿(만)光(광)中(중)有(유)道(도)
場(량)名(명)現(현)一(일)切(체)世(세)主(주)身(신)寶(보)華(화)如(여)
來(래)於(어)此(차)成(성)阿(아)耨(뇩)多(다)羅(라)三(삼)藐(먁)三(삼)

菩提不可說佛刹微塵數諸 (보리불가설불찰미진수제)
菩薩衆前後圍遶而爲說法 (보살중전후위요이위설법)
寶華如來往昔修行菩薩道 (보화여래왕석수행보살도)
時淨此世界海其世界海中 (시정차세계해기세계해중)
去來今佛出興世者皆是寶 (거래금불출흥세자개시보)
華如來爲菩薩時教化令發 (화여래위보살시교화령발)
阿耨多羅三藐三菩提心彼 (아뇩다라삼약삼보리심피)

時女母善現者今我母善目
是其王眷屬今如來所衆會
是也皆具修行普賢諸行成
滿大願雖恒在此衆會道場
而能普現一切世間住諸菩
薩平等三昧常得現見一切
諸佛一切如來以等虛空妙

音聲雲演正法輪悉能聽受
음성운연정법륜실능청수

於一切法悉得自在名稱普
어일체법실득자재명칭보

聞諸佛國土普詣一切道場
문제불국토보예일체도량

之所普現一切衆生之前隨
지소보현일체중생지전수

其所應教化調伏盡未來劫
기소응교화조복진미래겁

修菩薩道恒無間斷成滿普
수보살도항무간단성만보

賢廣大誓願佛子其妙德女
현광대서원불자기묘덕녀

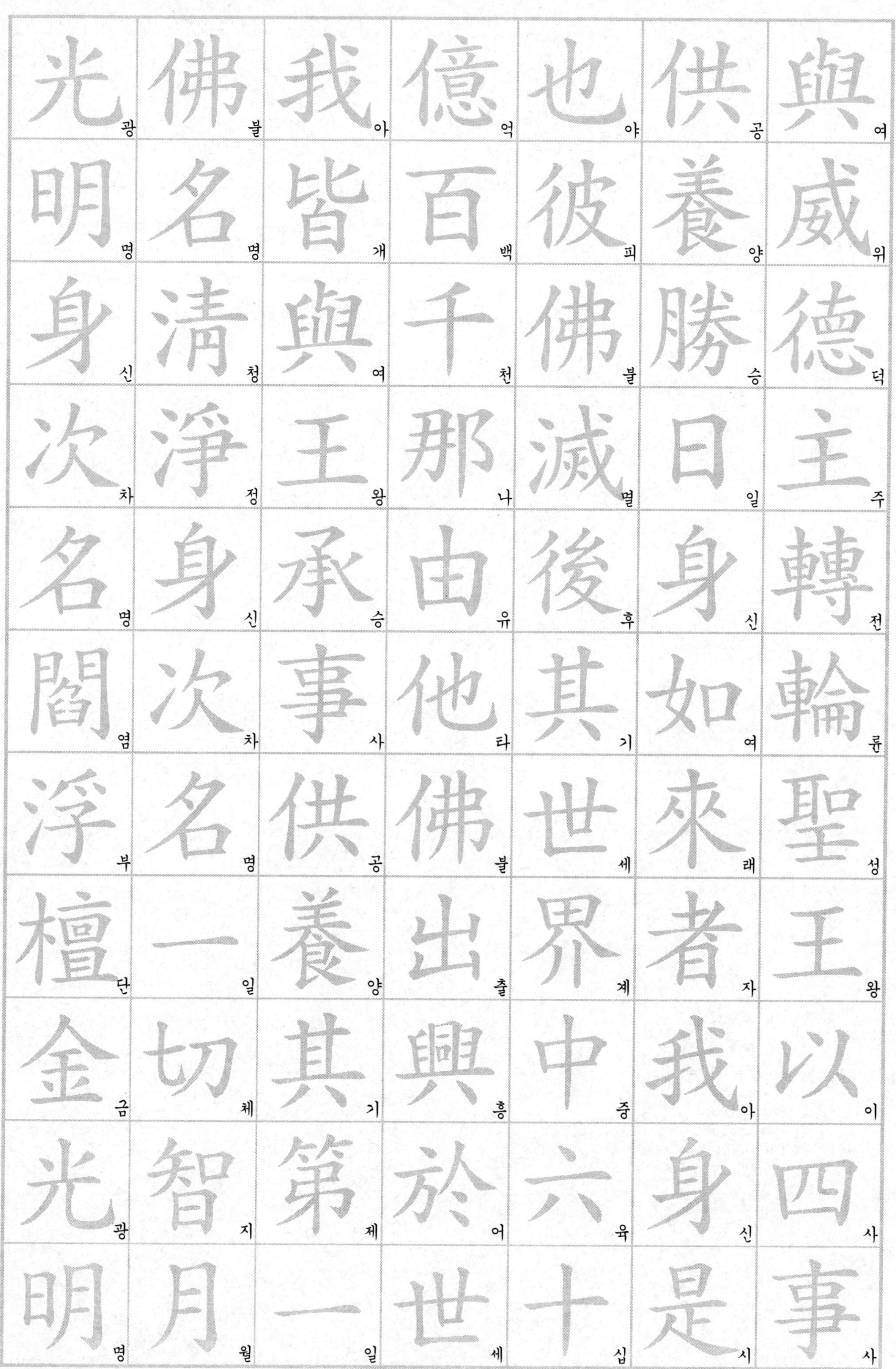
與威德主轉輪聖王以四事
供養勝日身如來者我身是
也彼佛滅後其世界中六十
億百千那由他佛出興於世
我皆與王承事供養其第一
佛名清淨身次名一切智月
光明身次名閻浮檀金光明

王次名諸相莊嚴身次名妙
왕차명제상장엄신차명묘

月光次名智觀幢次名大智
월광차명지관당차명대지

光次名金剛那羅延精進次
광차명금강나라연정진차

名智力無能勝次名普安詳
명지력무능승차명보안상

智次名離垢勝智雲次名師
지차명리구승지운차명사

子智光明次名光明髻次名
자지광명차명광명계차명

功德光明幢次名智日幢次
공덕광명당차명지일당차

사경의 공덕은 십만억 부처님께 공양한 것과 같은 공덕이 있습니다.

名(명)寶(보)蓮(련)華(화)開(개)敷(부)身(신)次(차)名(명)福(복)德(덕)
嚴(엄)淨(정)光(광)次(차)名(명)智(지)焰(염)雲(운)次(차)名(명)普(보)
照(조)月(월)次(차)名(명)莊(장)嚴(엄)蓋(개)妙(묘)音(음)聲(성)次(차)
名(명)師(사)子(자)勇(용)猛(맹)智(지)光(광)明(명)次(차)名(명)法(법)
界(계)月(월)次(차)名(명)現(현)虛(허)空(공)影(영)像(상)開(개)悟(오)
衆(중)生(생)心(심)次(차)名(명)恒(항)齅(후)寂(적)滅(멸)香(향)次(차)
名(명)普(보)震(진)寂(적)靜(정)音(음)次(차)名(명)甘(감)露(로)山(산)

次名法海音 次名堅固網 次名佛影髻 次名月光毫 次名辯才口 次名覺華智 次名寶焰山 次名功德星 次名寶月幢 次名三昧身 次名寶光王 次名普智行 次名焰海燈 次名離垢法音王 次名無比德

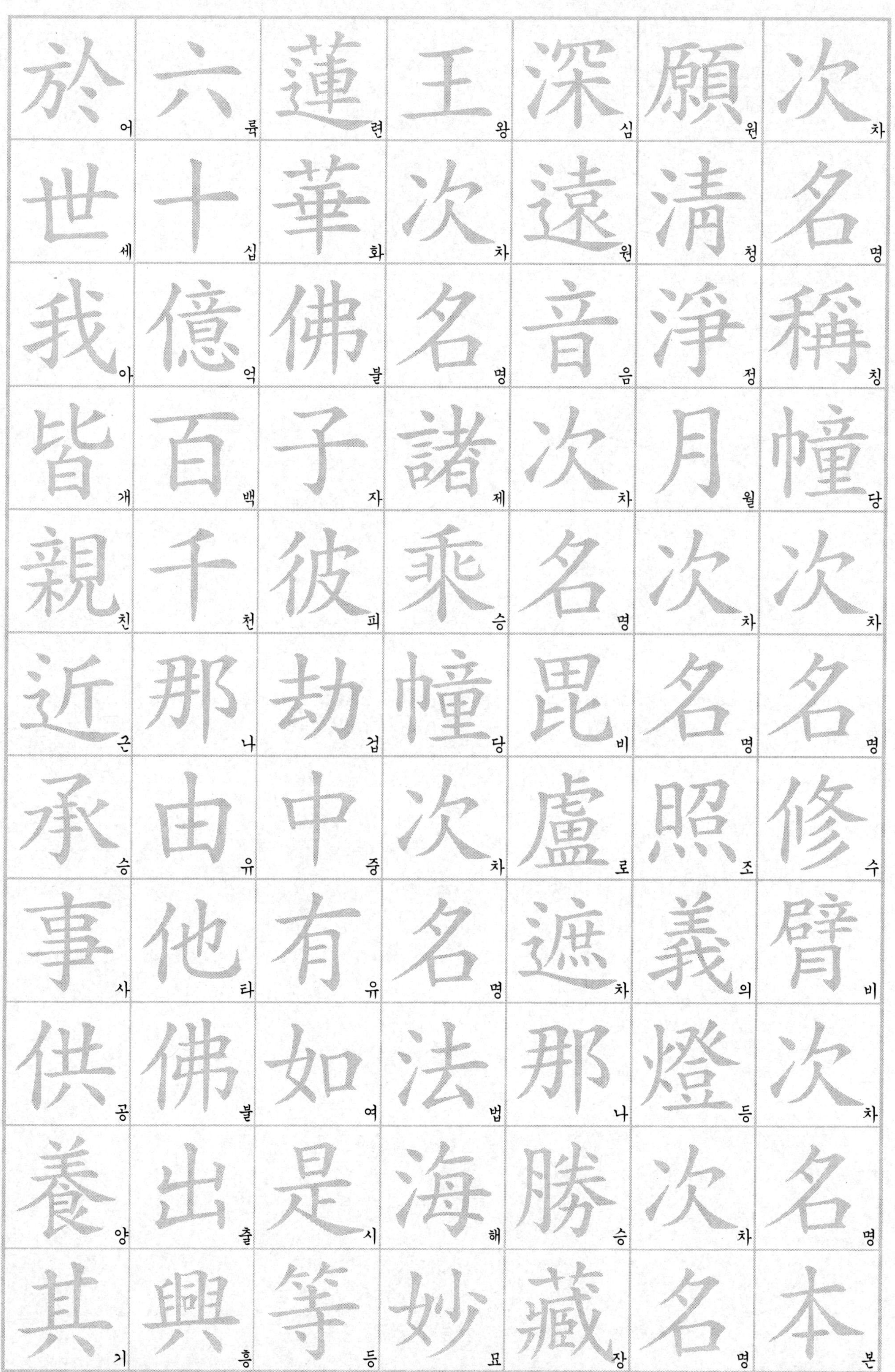

次名稱幢次名修臂次名本
願淸淨月次名照義燈次名
深遠音次名毘盧遮那勝藏
王次名諸乘幢次名法海妙
蓮華佛子彼劫中有如是等
六十億百千那由他佛出興
於世我皆親近承事供養其

海 해	時 시	說 설	妙 묘	化 화	得 득	最 최
境 경	獲 획	出 출	物 물	我 아	淨 정	後 후
界 계	得 득	生 생	而 이	爲 위	智 지	佛 불
解 해	觀 관	一 일	爲 위	王 왕	眼 안	名 명
脫 탈	察 찰	切 체	供 공	妃 비	爾 이	廣 광
佛 불	一 일	如 여	養 양	與 여	時 시	大 대
子 자	切 체	來 래	於 어	王 왕	彼 피	解 해
我 아	菩 보	燈 등	其 기	禮 례	佛 불	於 어
得 득	薩 살	法 법	佛 불	覲 근	入 입	彼 피
此 차	三 삼	門 문	所 소	以 이	城 성	佛 불
解 해	昧 매	卽 즉	聞 문	衆 중	敎 교	所 소

사경의 공덕은 십만억 부처님께 공양한 것과 같은 공덕이 있습니다.

脫已與菩薩於佛刹微塵數
劫勤加修習於佛刹微塵數
劫中承事供養無量諸佛或
於一劫承事一佛或二或三
或不可說或値佛刹微塵數
佛悉皆親近承事供養而未
能知菩薩之身形量色貌及

其身業心行智慧三昧境界
기신업심행지혜삼매경계
佛子若有衆生得見菩薩修
불자약유중생득견보살수
菩提行若疑若信菩薩皆以
보리행약의약신보살개이
世出世間種種方便而攝取
세출세간종종방편이섭취
之以爲眷屬令於阿耨多羅
지이위권속영어아뇩다라
三藐三菩提得不退轉
삼먁삼보리득불퇴전
佛子我見彼佛得此解脫
불자아견피불득차해탈

已(이)與(여)菩(보)薩(살)於(어)百(백)佛(불)刹(찰)微(미)塵(진)數(수)
劫(겁)而(이)共(공)修(수)習(습)於(어)其(기)劫(겁)中(중)所(소)有(유)
諸(제)佛(불)出(출)興(흥)於(어)世(세)我(아)皆(개)親(친)近(근)承(승)
事(사)供(공)養(양)聽(청)所(소)說(설)法(법)讀(독)誦(송)受(수)持(지)
於(어)彼(피)一(일)切(체)諸(제)如(여)來(래)所(소)得(득)此(차)解(해)
脫(탈)種(종)種(종)法(법)門(문)知(지)種(종)種(종)三(삼)世(세)入(입)
種(종)種(종)刹(찰)海(해)見(견)種(종)種(종)成(성)正(정)覺(각)入(입)

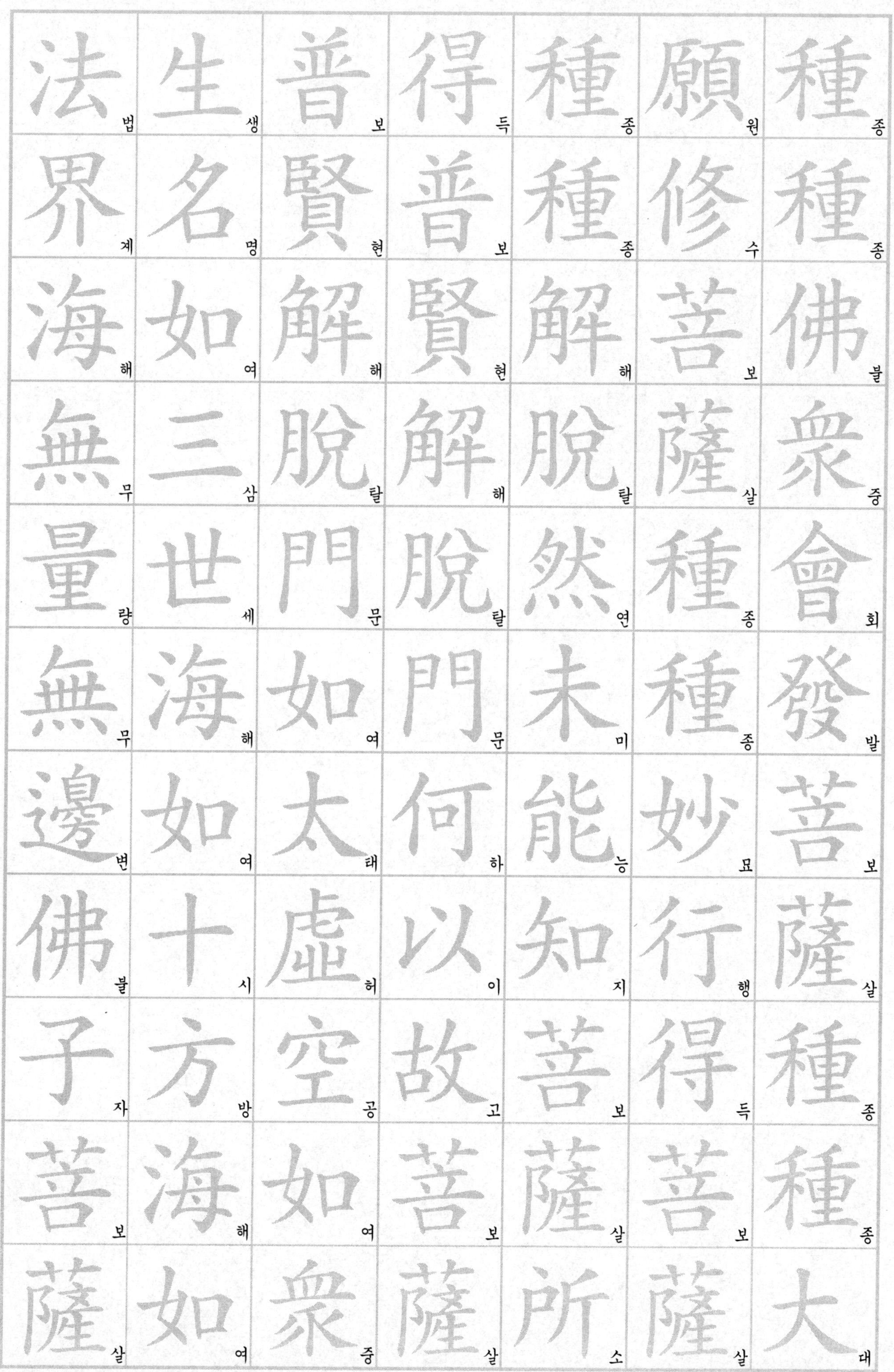

種種佛衆會發菩薩種種大
願修菩薩種種妙行得菩薩
種種解脫然未能知菩薩所
得普賢解脫門何以故菩薩
普賢解脫門如太虛空如衆
生名如三世海如十方海如
法界海無量無邊佛子菩薩

普(보)賢(현)解(해)脫(탈)門(문)與(여)如(여)來(래)境(경)界(계)等(등)
佛(불)子(자)我(아)於(어)佛(불)刹(찰)微(미)塵(진)數(수)劫(겁)觀(관)
菩(보)薩(살)身(신)無(무)有(유)厭(염)足(족)如(여)多(다)欲(욕)人(인)
男(남)女(녀)集(집)會(회)遮(체)相(상)愛(애)染(염)起(기)於(어)無(무)
量(량)妄(망)想(상)思(사)覺(각)我(아)亦(역)如(여)是(시)觀(관)菩(보)
薩(살)身(신)一(일)一(일)毛(모)孔(공)念(염)念(념)見(견)無(무)量(량)
無(무)邊(변)廣(광)大(대)世(세)界(계)種(종)種(종)安(안)住(주)種(종)

사경의 공덕은 십만억 부처님께 공양한 것과 같은 공덕이 있습니다.

種莊嚴種種形狀有種種山
종장엄종종형상유종종산

種種地種種雲種種名種種
종종지종종운종종명종종

佛興種種道場種種衆會演
불흥종종도량종종중회연

種種修多羅說種種灌頂種
종종수다라설종종관정종

種諸乘種種方便種種清淨
종제승종종방편종종청정

又於菩薩一一毛孔念念常
우어보살일일모공념념상

見無邊佛海坐種種道場現
견무변불해좌종종도량현

種種神變轉種種法輪說種
종종신변전종종법륜설종
種修多羅恒不斷絶又於菩
종수다라항부단절우어보
薩一一毛孔見無邊衆生海
살일일모공견무변중생해
種種住處種種形貌種種作
종종주처종종형모종종작
業種種諸根又於菩薩一一
업종종제근우어보살일일
毛孔見三世諸菩薩無邊行
모공견삼세제보살무변행
門所謂無邊廣大願無邊差
문소위무변광대원무변차

別地無邊波羅蜜無邊往昔 (별지무변바라밀무변왕석)

事無邊大慈門無邊大悲雲 (사무변대자문무변대비운)

無邊大喜心無攝取衆生 (무변대희심무섭취중생)

方便佛子我於佛刹微塵數 (방편불자아어불찰미진수)

劫念念如是觀於菩薩一一 (겁념념여시관어보살일일)

毛孔已所至處而不重至已 (모공이소지처이부중지이)

所見處而不重見求其邊際 (소견처이부중견구기변제)

竟(경)不(불)可(가)得(득)乃(내)至(지)見(견)彼(피)悉(실)達(달)太(태)
子(자)住(주)於(어)宮(궁)中(중)婇(채)女(녀)圍(위)遶(요)我(아)以(이)
解(해)脫(탈)力(력)觀(관)於(어)菩(보)薩(살)一(일)一(일)毛(모)孔(공)
悉(실)見(견)三(삼)世(세)法(법)界(계)中(중)事(사)佛(불)子(자)我(아)
唯(유)得(득)此(차)觀(관)察(찰)菩(보)薩(살)三(삼)昧(매)海(해)解(해)
脫(탈)如(여)諸(제)菩(보)薩(살)摩(마)訶(하)薩(살)究(구)竟(경)無(무)
量(량)諸(제)方(방)便(편)海(해)爲(위)一(일)切(체)衆(중)生(생)現(현)

中 실	示 해	佛 자	生 경	海 소	行 모	隨 겁
能 견	現 탈	神 주	性 불	知 견	於 공	類 염
自 삼	無 력	力 어	同 가	諸 처	一 이	身 념
在 세	邊 관	同 궁	虛 득	法 이	一 소	爲 여
入 법	解 어	於 중	空 내	性 불	毛 지	一 시
廣 계	脫 보	如 채	相 지	無 중	孔 처	切 관
大 중	境 살	如 녀	無 견	性 견	現 이	衆 어
法 사	界 일	徧 위	有 피	爲 구	無 불	生 보
界 불	於 일	一 요	分 실	性 기	邊 중	說 살
遊 자	一 모	切 아	別 달	知 변	色 지	隨 일
戲 아	念 공	處 이	知 태	衆 제	相 이	樂 일

사경의 공덕은 십만억 부처님께 공양한 것과 같은 공덕이 있습니다.

離 이	無 무	世 세	問 문	世 량	知 탈	一 유
一 일	休 휴	間 간	菩 보	界 제	能 여	切 득
切 체	息 식	無 무	薩 살	中 방	說 제	諸 차
障 장	作 작	所 소	云 운	有 편	彼 보	地 관
礙 애	菩 보	染 염	何 하	佛 해	功 살	法 찰
入 입	薩 살	着 착	修 수	母 위	德 마	門 보
菩 보	業 업	供 공	菩 보	摩 일	行 하	而 살
薩 살	永 영	養 양	薩 살	耶 체	善 살	我 삼
解 해	不 불	諸 제	行 행	汝 중	男 구	云 매
脫 탈	退 퇴	佛 불	於 어	詣 생	子 경	何 해
不 불	轉 전	恒 항	諸 제	彼 현	此 무	能 해

由於他住一切菩薩道詣一
유어타주일체보살도예일

切如來所攝一切衆生界盡
체여래소섭일체중생계진

未來劫修菩薩行發大乘願
미래겁수보살행발대승원

增長一切衆生善根常無休
증장일체중생선근상무휴

息爾時釋迦瞿波女欲重明
식이시석가구바녀욕중명

此解脫義承佛神力即說頌
차해탈의승불신력즉설송

言
언

若(약) 有(유) 見(견) 菩(보) 薩(살)
起(기) 善(선) 不(불) 善(선) 心(심)
乃(내) 往(왕) 久(구) 遠(원) 世(세)
有(유) 劫(겁) 名(명) 淸(청) 淨(정)
此(차) 劫(겁) 佛(불) 興(흥) 世(세)
最(최) 後(후) 天(천) 人(인) 主(주)
彼(피) 佛(불) 涅(열) 槃(반) 後(후)

修(수) 行(행) 種(종) 種(종) 行(행)
菩(보) 薩(살) 皆(개) 攝(섭) 取(취)
過(과) 百(백) 刹(찰) 塵(진) 劫(겁)
世(세) 界(계) 名(명) 光(광) 明(명)
六(육) 十(십) 千(천) 萬(만) 億(억)
號(호) 曰(왈) 法(법) 幢(당) 燈(등)
有(유) 王(왕) 名(명) 智(지) 山(산)

統領閻浮提 (통령염부제)
王有五百子 (왕유오백자)
其身悉清淨 (기신실청정)
彼王及王子 (피왕급왕자)
護持其法藏 (호지기법장)
太子名善光 (태자명선광)
諸相皆圓滿 (제상개원만)

一切無怨敵 (일체무원적)
端正能勇健 (단정능용건)
見者皆歡喜 (견자개환희)
信心供養佛 (신심공양불)
亦樂勤修法 (역락근수법)
離垢多方便 (이구다방편)
見者無厭足 (견자무염족)

有 유	辯 변	善 선	有 유	王 왕	勇 용	五 오
時 시	才 재	光 광	林 림	都 도	猛 맹	百 백
因 인	智 지	住 주	名 명	名 명	堅 견	億 억
乞 걸	慧 혜	彼 피	靜 정	智 지	精 정	人 인
食 식	力 력	林 림	德 덕	樹 수	進 진	俱 구

入 입	令 영	廣 광	衆 중	千 천	護 호	出 출
彼 피	衆 중	宣 선	寶 보	億 억	持 지	家 가
王 왕	悉 실	佛 불	所 소	城 성	其 기	行 행
都 도	淸 청	正 정	莊 장	圍 위	佛 불	學 학
城 성	淨 정	法 법	嚴 엄	遶 요	法 법	道 도

行止極安詳 행지극안상
城中有居士 성중유거사
我時爲彼女 아시위피녀
時我於城中 시아어성중
諸相極端嚴 제상극단엄
次乞至我門 차걸지아문
卽解身瓔珞 즉해신영락

正知心不亂 정지심불란
號曰善名稱 호왈선명칭
名爲淨日光 명위정일광
遇見善光明 우견선광명
其心生染着 기심생염착
我心增愛染 아심증애염
幷珠置鉢中 병주치발중

사경의 공덕은 십만억 부처님께 공양한 것과 같은 공덕이 있습니다.

雖以愛染心
二百五十劫
或生天王家
恒見善光明
此後所經劫
生於善現家
時我見太子

供養彼佛子
不墮三惡趣
或作人王女
妙相莊嚴身
二百有五十
名爲具妙德
而生尊重心

願(원)得(득)備(비)瞻(첨)侍(시)
我(아)時(시)與(여)太(태)子(자)
恭(공)敬(경)供(공)養(양)畢(필)
於(어)彼(피)一(일)劫(겁)中(중)
最(최)後(후)佛(불)世(세)尊(존)
於(어)彼(피)得(득)淨(정)眼(안)
普(보)見(현)受(수)生(생)處(처)

幸(행)蒙(몽)哀(애)納(납)受(수)
覲(근)佛(불)勝(승)日(일)身(신)
卽(즉)發(발)菩(보)提(리)意(의)
六(육)十(십)億(억)如(여)來(래)
名(명)爲(위)廣(광)大(대)解(해)
了(요)知(지)諸(제)法(법)相(상)
永(영)除(제)顚(전)倒(도)心(심)

我得觀菩薩 아득관보살
一念入十方 일념입시방
我見諸世界 아견제세계
於淨不貪樂 어정불탐락
普見諸世界 보현제세계
皆於一念中 개어일념중
一念能普入 일념능보입

三昧境解脫 삼매경해탈
不思議剎海 부사의찰해
淨穢種種別 정예종종별
於穢不憎惡 어예불증오
如來坐道場 여래좌도량
悉放無量光 실방무량광
不可說衆會 불가설중회

사경의 공덕은 십만억 부처님께 공양한 것과 같은 공덕이 있습니다.

亦知彼一切 역지피일체
一念能悉知 일념능실지
無量地方便 무량지방편
我觀菩薩身 아관보살신
一一毛孔量 일일모공량
一一毛孔剎 일일모공찰
地水火風輪 지수화풍륜

所得三昧門 소득삼매문
彼諸廣大行 피제광대행
及以諸願海 급이제원해
無邊劫修行 무변겁수행
求之不可得 구지불가득
無數不可說 무수불가설
靡不在其中 미불재기중

사경의 공덕은 십만억 부처님께 공양한 것과 같은 공덕이 있습니다.

種種諸建立(종종제건립) 種種諸形狀(종종제형상)
種種體名號(종종체명호) 無邊種莊嚴(무변종장엄)
我見諸剎海(아견제찰해) 不可說世界(불가설세계)
及見其中佛(급견기중불) 說法化衆生(설법화중생)
不了菩薩身(불료보살신) 及彼身諸業(급피신제업)
亦不知心智(역불지심지) 諸劫所行道(제겁소행도)
爾時善財童子頂禮其足(이시선재동자정례기족)

遶 요 無 무 數 수 帀 잡 辭 사 退 퇴 而 이 去 거

發 願 文

귀의 삼보하옵고
거룩하신 부처님께 발원하옵나이다.

주　소 : ______________________________

전　화 : ______________　불명 : ______　성명 : ______

불기 25 ______ 년 ______ 월 ______ 일